Ln 27 20091.

LETTRE

A MESSIEURS

DE L'ACADÉMIE FRANÇOISE.

I 27
LN 20001

20481

LETTRE
A MESSIEURS
DE L'ACADÉMIE FRANÇOISE,
SUR L'ÉLOGE
DE M. LE MARÉCHAL DE VAUBAN,
PROPOSÉ
Pour sujet du prix d'éloquence de l'année 1787.

Εὐεπίην ἀσκεῖν, ἤ τις μάλα πάντας ὀνήσει

Cherche moins à briller par tes discours, qu'à les rendre utiles.

PHOCYLIDE.

A AMSTERDAM,

Et se trouve à PARIS,

Chez DURAND, neveu, Libraire, rue Galande.

Et à la ROCHELLE,

Chez P. L. CHAUVET, Libraire-Imprimeur du Roi.

M. DCC. LXXXVI.

LETTRE

A MESSIEURS

DE L'ACADÉMIE FRANÇOISE,

SUR L'ÉLOGE

DE M. LE MARÉCHAL DE VAUBAN,

PROPOSÉ

Pour sujet du prix d'éloquence de l'année 1787.

MESSIEURS,

PARMI le petit nombre d'établissemens qui se sont perfectionnés depuis leur fondation, on doit, ce me semble, distinguer particuliérement celui des prix d'éloquence que l'Académie est dans l'usage de distribuer.

On ne voit point ſans étonnement, je dirai même ſans admiration, qu'une inſtitution qui, dans l'origine, ne donnoit lieu qu'à des eſpeces de compoſitions trop reſſemblantes, à tous égards, à celles de nos Colleges, ſoit devenue aujourd'hui un objet vraiment important pour la nation entiere, & l'un des moyens, les plus puiſſans peut-être, de perpétuer, dans la génération préſente, le génie & les vertus qui ont illuſtré nos ancêtres. Cette utile & honorable révolution eſt moins due encore au bel eſprit qui vous diſtingue, qu'au bon eſprit qui vous anime. C'eſt par lui que, rappellant l'éloquence à ſes fonctions originelles & ſacrées, vous avez voulu que nos jeunes Orateurs miſſent leur gloire à célébrer celle des grands Hommes, dont notre nation s'honore. De ce moment, l'Académie, que des Juges ſans doute trop ſéveres, n'avoient regardée longtemps que comme une aſſemblée de beaux eſprits, plus enviés qu'utiles, eſt devenue, en quelque ſorte, le tribunal auguſte qui prononce les jugemens de la poſtérité; & la nation ſemble avoir confié déſormais, à ce Corps reſpectable, le ſoin d'acquitter, en ſon nom, le tribut d'hommages qu'elle reconnoît devoir à tous ceux qui ont augmenté ſon bonheur, ſa puiſſance, ſes lumieres, ou même ſes plaiſirs.

Mais ce tribut, ſi glorieux à recevoir, ne ſauroit être, par-là même, trop difficile à obtenir. Acquitté au nom du public, il doit être généralement conſenti : & ſans doute, chacun a le droit de diſcuter le mérite de celui qu'on offre à l'admiration de tous. Si cette diſcuſſion n'étoit pas permiſe, ſi même elle n'étoit pas toujours préſumée, quelque pompeux, quelqu'éloquent que fût l'éloge que vous couronneriez, qu'en reſteroit-il à ſon héros? Un triomphe décerné ſans victoire, & de vains honneurs que la gloire n'accompagneroit plus.

Cependant, Meſſieurs, ſi le nom proclamé eſt celui d'un homme de lettres ou d'un Philoſophe, cette proclamation n'annonce, en quelque ſorte, que le jugement particulier de l'Académie; jugement qui peut encore être modifié, ou même rejeté, par celui du public qui, partout & toujours, reſte le ſouverain juge. Mais s'il s'agit d'un Légiſlateur, d'un Miniſtre, d'un Magiſtrat, d'un Guerrier, comme l'Académie ne ſe conſtitue pas juge en toutes ces matieres (*a*), elle semble plus alors déclarer le jugement du public, que prononcer le sien : c'est dans ce cas, sur-tout, que l'éloge décerné est un véritable triomphe ; autant au-dessus de l'autre qu'une nation entiere est au-dessus de tout corps particulier : c'est enfin le degré de gloire le plus éminent où puissent monter les plus grands Hommes.

Tel est l'honneur que vous annoncez être dû à M. le Maréchal de Vauban ; & je ne dissimulerai point que vous n'avez fait, en cela, que consacrer une opinion très-généralement répandue ; déjà adoptée par une Académie célebre (*b*) ; & propagée depuis long-temps, avec un zele presque religieux, par le corps Militaire dont M. de Vauban a été le chef.

Tant & de si imposantes autorités ne rendent que plus nécessaire d'examiner deux questions, importantes à résoudre dans la circons-

---

(*a*) Ce n'est pas que parmi les Membres de cette illustre Académie, tout Législateur, Ministre, Magistrat ou Guerrier, ne pût trouver des Juges compétens, & même des modeles : mais tout le monde sait que l'Académie Françoise, en Corps, ne s'occupe que d'objets littéraires.

(*b*) L'Académie de Dijon.

tance ; l'une, ſi M. de Vauban fut en effet un grand Homme ; l'autre, ſi la génération préſente lui doit de la reconnoiſſance. J'avoue que depuis long-temps j'ai l'opinion contraire : elle eſt le fruit d'un long & ſérieux examen, fait peut-être avec trop peu de connoiſſances, mais avec un grand amour de la vérité. Cet examen, il étoit de mon devoir de le faire ; & l'opinion qui en a réſulté, je crois de mon devoir de la publier en ce moment : perduadé que les honneurs rendus à M. le Maréchal de Vauban ne peuvent être exagérés ſans être dangereux.

Par cette expreſſion d'honneurs exagérés, je rends mon idée dans toute ſon étendue ; car on auroit tort de croire que, détracteur d'un homme célebre, je veuille lui diſputer la portion d'eſtime que je reconnois lui être due. Après les places éminentes, il eſt encore des places honorables ; mais les confondre, ſeroit abaiſſer les unes ſans élever les autres. A ce premier danger, ſe joint le danger plus grand de conſacrer les erreurs de celui qu'on ſemble alors propoſer pour modele : & j'aime à croire que M. de Vauban, qui a montré pendant ſa vie moins d'empreſſement pour la dignité de Maréchal de France, que de crainte que ſa promotion à ce grade *ne fît naître des embarras contraires au bien du ſervice* (c) ; j'aime à croire que cet homme juſte & ſage, réclameroit peut-être avec moi, contre un excès d'honneur qui ne peut que retarder les progrès d'un art auquel il s'étoit entiérement dévoué.

Cet art (de l'Attaque & de la Défenſe des places) ſera ſeul le ſujet de mes obſervations; car je ne ſuppoſe point que l'Académie compte dans les titres d'éloges de M. le Maréchal de Vauban, ni le projet de dixme royal publié ſous ſon nom, mais que les Ecrivains les plus célebres ne croyent pas être de lui ; ni ces volumineuſes *oiſivetés* (d) que M. de Fontenelle, ſi accoutumé à louer, n'oſe citer lui-même que comme des *eſpeces de ſonges :* tous ouvrages, au ſurplus, qui prouvent ſeulement que leur auteur avoit l'amour du bien, mais non les lumieres néceſſaires pour l'opérer. C'eſt comme Guerrier, comme Ingénieur, que

(c) Eloge de M. de Vauban par Fontenelle.

(d) 12 *gros volumes.* Voyez même éloge.

M. de Vauban a fait, dirai-je révolution ou époque ; & c'eſt auſſi en l'étudiant ſous cet aſpect, que j'ai pris de lui l'opinion dont je vais expoſer les motifs, après avoir examiné les autorités qui la combattent.

Sur la premiere de ces autorités, celle de la voix publique, je remarquerai que, dans ce cas particulier, elle devient preſque de nulle valeur ; & pour s'en convaincre, il ſuffit de ſe rappeller la diſtinction lumineuſe d'un Philoſophe de nos jours (e), entre *l'eſtime ſentie* & *l'eſtime ſur parole*. Pour juger il faut connoître, & toute connoiſſance à acquérir exige un travail qu'on s'impoſe rarement ſans intérêt. Les objets qui doivent décider la réputation de M. de Vauban, ne peuvent intéreſſer que les Militaires ; & parmi ceux-là mêmes, combien encore négligent ou ne ſe trouvent pas à portée d'acquérir des connoiſſances qu'on n'exige pas d'eux, & qu'ils s'accoutument facilement à regarder comme étrangeres à leur ſervice (*f*) ?

(*e*) Helvétius.

(*f*) Il faut pourtant en excepter MM. les Officiers généraux : appellés, par état, au commandement des Armées, on

Ici donc la voix publique n'annonce point le jugement du public, pas même ſon opinion; & ce vain bruit d'éloges, donnés ſans examen, & répétés au haſard, rappelle ſeulement à tout homme ſage, ce mot ingénieux d'un de vos anciens confreres : O combien il y a de gens qui ne ſont pas de leur avis (*g*) !

L'éloge déjà décerné par l'Académie de Dijon, feroit ſans doute une autorité d'un plus grand poids, s'il falloit en conclure que cette Académie eût prétendu, par-là, marquer la place de M. le Maréchal de Vauban, parmi les grands Hommes de la nation. Mais il eſt plus naturel d'y voir ſeulement un hommage, rendu par une ſociété de gens de Lettres, à la mémoire d'un compatriote célebre, & re-

---

ne peut pas douter qu'ils n'aient tous des connoiſſances, ſans leſquelles ils ſeroient néceſſairement à la merci de leurs ſubordonnés, & riſqueroient de trahir, à la fois, leur gloire & leur patrie; puiſque du bon ou mauvais ſuccès d'un ſiege, ou ſeulement de ſa durée plus ou moins longue, dépend ſouvent le démembrement des Empires, preſque toujours le ſuccès d'une campagne, & quelquefois celui de toute une guerre.

(*g*) Marivaux.

commandable à beaucoup d'égards. La preuve, Messieurs, que vous-mêmes en avez jugé ainsi, c'est que, de nouveau, vous proposez le même éloge : en effet, aucune Académie particuliere n'auroit le droit d'acquitter cette dette vraiment nationale. Aussi, leur sagesse leur a-t-elle inspiré de ne proposer d'éloges d'hommes véritablement illustres, qu'autant que quelques raisons particulieres sembloient les autoriser à faire encore distinguer leur voix parmi la voix publique (*h*). Mais combien sont louables les Académies, qui, soigneuses d'encourager, en les honorant, les talens & les vertus de leurs compatriotes, s'efforcent, autant qu'il est en elles, d'en relever l'éclat, & d'en perpétuer le souvenir, par l'hommage public qu'elles rendent à leur mémoire. Considéré sous ce point de vue, rien n'est plus

---

(*h*) C'est ainsi que l'Académie de la Rochelle, en proposant l'éloge de Henri IV, a ajouté : *le bien bon ami des Rochellois.* Et l'on peut croire, malgré le mérite de l'éloge couronné, que l'Académie eut partagé le prix, si un autre concurrent n'eut entiérement négligé de présenter Henri IV sous cet aspect, & n'eut manqué, par-là, à une condition essentielle du programme.

juſte que l'éloge de M. de Vauban, propoſé par l'Académie de Dijon ; mais en même-temps, rien n'eſt plus étranger à la queſtion que j'examine en ce moment (*i*) : car, je le répete, il ne s'agit pas de ſavoir ſi M. de Vauban a fait des choſes louables, ce qui ſûrement ne ſera conteſté par perſonne ; mais ſi M. de Vauban peut être compté parmi les grands Hommes de la nation, & ſi la génération préſente lui doit de la reconnoiſſance.

Je ſens qu'on peut citer, à l'appui de cette opinion, les éloges continus & multipliés que MM. les Officiers du Génie donnent, ſans reſtriction, à tous les ouvrages de ce Général ; mais j'eſpere qu'on ſentira auſſi, que je pourrois y oppoſer tout ce qui a été dit, ſi long-temps avant moi, ſur tout ce qu'on appelle opinion de corps ; que je pourrois examiner combien les conſidérations particulieres peu-

(*i*) C'eſt par la même raiſon que je ne compte point au nombre des autorités, l'éloge de M. de Vauban prononcé à l'Académie des Sciences par M. de Fontenelle. Ces éloges n'annoncent, en aucune maniere, ni le jugement du public, ni même celui de l'Académie.

vent influer ſur cette apparente unanimité de ſentimens ; combien on eſt facilement tenté de louer ce qu'on imite ; combien, au contraire, il faut de courage d'eſprit pour détruire une gloire à laquelle on eſt à-peu-près ſûr d'attein-dre à ſon tour ; combien encore chacun apporte de réſiſtance à adopter des idées nouvelles ; ſur-tout quand il faut y ſacrifier des connoiſſances longuement & péniblement acquiſes. Mais ſans entrer à ce ſujet dans des détails, que ſuppléeront aiſément tous ceux qui ont quelque connoiſſance du cœur humain, je me contenterai d'obſerver que les Ingénieurs les plus célebres (*k*) ont apparemment ſenti eux-mêmes l'inſuffiſance des méthodes de M. de Vauban, puiſqu'ils y ont fait, ou voulu faire, des changemens plus ou moins conſidérables.

Il ſuit, je crois, de ce que j'ai dit ci-deſſus, que les autorités en faveur de M. de Vauban, ſont plus reſpectables que concluantes. Il faut

---

(*k*) J'en citerai deux ; MM. Cormontagne & Filley. Je les choiſis entre pluſieurs autres, parce que tous deux jouiſſent d'une grande réputation, & auſſi parce que tous deux ſont morts.

donc en revenir au raiſonnement, & tâcher d'apprécier le mérite de cette homme célebre, non d'après ce qu'on en a dit, mais d'après ce qu'il a fait.

L'art de la guerre, que les Déclamateurs de tous les temps n'ont jamais enviſagé que comme l'art de détruire, n'eſt pas moins eſſentiellement celui de conſerver. On lui doit le bouclier auſſi bien que le glaive; & Fabius l'employa pour ſauver Rome, comme Annibal l'avoit fait ſervir à ravager l'Italie. Cette diviſion de l'art de la guerre ne ſe montre nulle part avec plus d'évidence que dans l'Attaque & la Défenſe des places; double objet des travaux de M. le Maréchal de Vauban, ſur le ſuccès deſquels il doit être jugé, & dont il convient d'examiner d'abord l'importance reſpective.

Que la guerre la plus heureuſe ſoit encore un fléau redoutable, c'eſt une vérité généralement reconnue; mais il n'en faut conclure ni eſpérer que les hommes ceſſeront de vouloir faire la guerre. Tant que les conquêtes paroîtront faciles ou ſeulement vraiſemblables, l'ambition tentera de conquérir. En vain la juſtice & la ſageſſe éleveront leur voix, dans ſa fougue impétueuſe elle ne reconnoît point de guide, c'eſt un frein qu'il faut lui oppoſer; & ſi jamais on voit ſe réaliſer cette paix générale & perpétuelle, qu'on n'entrevoit encore que comme *le rêve d'un homme de bien*, cette paix ſera due aux Guerriers & non aux Philoſophes. Elle ne ſera, elle ne peut être que le fruit de la ſupériorité des moyens de défenſe ſur les moyens d'attaque : ainſi, mettant à part l'intérêt général de l'humanité, qu'il ſeroit peut-être juſte, mais à coup ſûr inutile de conſulter ici, il reſtera encore, à chaque nation, une meſure fixe pour déterminer le degré d'eſtime qu'elle doit accorder à l'une ou l'autre de ces deux branches oppoſées du même art; ſuivant qu'il lui ſera plus avantageux d'avoir ſes propriétés aſſurées, ou de conſerver l'eſpoir d'envahir celles d'autrui (*l*).

(*l*) Cette queſtion ne paroît pas avoir beſoin d'être diſcutée relativement à la France. Elle eſt ſuffiſamment réſolue par la conduite du Gouvernement; par ſa modération dans les guerres qu'il ne peut éviter; & par ſes ſoins, pour prévenir celles qui paroîtroient devoir être le plus profitables.

C'eſt dans la partie de l'Attaque des places, que M. le Maréchal de Vauban s'eſt véritablement diſtingué. En ce genre il a fait plus que perfectionner, il a créé l'art. Non-ſeulement il a, par ſes méthodes, aſſuré le ſuccès des ſieges ; mais on lui doit d'en pouvoir calculer la durée, avec une certitude ſuffiſante pour les projets ultérieurs : & ce qui eſt bien digne, & de remarque & de louange, c'eſt qu'il a ſu, à la fois, économiſer le temps & les hommes. C'eſt enfin, principalement à lui qu'on doit ces conquêtes rapides & brillantes, qui ont fait la gloire, & préparé les malheurs de la France, ſous le regne de Louis XIV.

Si M. de Vauban eut ſu conſerver comme acquérir, ſa gloire ſeroit entiere. Si, ne ſachant qu'acquérir, il ne ſe fut pas chargé de conſerver, ſa gloire au moins ſeroit pure. Mais qui pourra louer M. de Vauban, paſſant toute ſa vie à fortifier, & ne faiſant pas faire un pas à l'art de la fortification ? Qui pourra louer M. de Vauban, enterrant les millions avec une effrayante prodigalité, pour élever d'une main ces mêmes places qu'il renverſoit de l'autre ſi facilement ? Qui pourra enfin louer M. de Vauban, coûtant à la France plus de la moitié de la dette actuelle de l'Etat, pour laisser à découvert une partie de ses frontieres, & ne donner à l'autre que de foibles défenses dont l'insuffisance a été si bien connue, & si souvent prouvée, par M. de Vauban lui-même ?

Telles sont cependant, Messieurs, les tristes vérités que je dois mettre sous vos yeux. Daignez-y donner quelqu'attention, & vous verrez bientôt que, pour avoir été jusqu'à ce jour dissimulées ou méconnues, elles n'en sont ni moins évidentes, ni moins faciles à saisir.

M. le Maréchal de Vauban, qui a exercé pendant trente années la charge de Commissaire-général des fortifications, a construit presque toutes les places fortes du Royaume; & de-là, il est passé en usage de dire que ces places sont fortifiées suivant le systême de M. de Vauban. Mais ce systême n'est autre que le systême bastionné, connu dès la fin du quinzieme siecle (*m*); déjà régulièrement exécuté en 1567 à la citadelle d'Anvers; adopté suc-

---

(*m*) A Otrante, en Italie

cessivement, & seulement avec quelques légeres différences, par tous les prédécesseurs de M. de Vauban ; & auquel celui-ci n'a fait, comme eux, que quelques changemens, dont encore on pourroit contester également le mérite & l'importance. En effet, il est au moins douteux que les flancs simples du systême de M. de Vauban soient préférables aux triples flancs du systême de M. le Comte de Pagan. On pourroit aussi soutenir, par de fortes raisons, l'utilité des *seconds flancs*, proscrits par M. de Vauban ; tandis que même d'après ses principes, ils eussent dus être conservés, au moins dans toute place au-dessus du pentagonne. Enfin l'orillon, non inventé mais adopté par M. de Vauban, n'est qu'une ressource mal-adroite, en ce qu'elle oblige de sacrifier le tiers d'un flanc déjà trop peu étendu, pour n'en couvrir qu'imparfaitement les deux autres tiers.

Mais en accordant même que ces légers changemens soient tous avantageux, sont-ils assez importans pour mériter quelque gloire à leur auteur ? & n'est-ce pas étrangement abuser des termes, que d'appeller ce systême bastionné,

bastionné, systême de M. de Vauban ? Il a tenté, il est vrai, d'en créer un nouveau, & il a enfin différé des autres & de lui-même, dans les constructions de Landau & du Neuf-Brisach. Il paroît qu'il y porta l'intention louable de former deux enceintes ; & qu'il avoit résolu d'abandonner l'ancien tracé, dont il avoit si souvent éprouvé la foiblesse ; mais il ne sut remplir ni l'un ni l'autre objet. Il fit autrement sans faire mieux. Ses tours bastionnées & ses contre-gardes à flancs ne sont véritablement que des bastions détachés ; & son enceinte intérieure ne forme point une seconde enceinte, puisqu'elle peut être battue en brêche, par des batteries établies sur la crête du glacis. Aussi a-t-on généralement abandonné ce qu'on appelle les deux derniers systêmes de M. de Vauban ; & l'on s'en est tenu à son ancien systême bastionné, en se réservant, comme lui, le droit d'y faire de légers changemens ; & comme lui encore, l'honneur de donner son nom à ce systême, devenu tour-à-tour le bien de tous. Ensorte (& ceci est digne de remarque) que les éloges donnés si fastueusement au génie créa-

BIBLIOTHÈQUE IMPÉRIALE

teur de M. de Vauban dans la fortification, ne peuvent point porter & ne portent point en effet ſur les méthodes qu'il a réellement inventées, mais ſeulement ſur celles qu'il avoit trouvé établies, & qu'il ſemble avoir condamnées lui-même, puiſqu'il a fini par en chercher de nouvelles.

On ne doit donc à M. de Vauban, pour la défenſe des places, ni d'autres, ni de meilleurs moyens qu'à ſes prédéceſſeurs. En a-t-il au moins ſu faire un meilleur emploi? On peut affirmativement répondre que non. Il eſt reconnu que cette foule d'ouvrages extérieurs, dont il a ſi diſpendieuſement ſurchargé les places, en diminue ſouvent la force au lieu de l'augmenter (*n*); & ce reproche s'étend juſ-

(*n*) Tant de gens jugent cependant encore de la force des places par la multiplicité des ouvrages qui les entourent, que je me crois obligé de prouver la vérité de mon aſſertion.

Quand il n'y a point d'ouvrages extérieurs, les baſtions attaqués, du corps de la place, ſont ſoutenus par les baſtions contigus, ce qui ne laiſſe pas de gêner l'aſſiégeant, & de retarder ſes progrès. Si au contraire vous ſuppoſez, par exemple, un ouvrage à corne, cet ouvrage s'avance beaucoup dans la campagne; il ne préſente que deux très-petits demi-baſtions, iſolés par leur éloignement du corps de la place, &

qu'à plusieurs de ses citadelles. Je voudrois éviter, Messieurs, de citer aucune place en particulier; vous en sentirez facilement la raison. Mais on peut, sans inconvénient, établir ce principe général, dont l'évidence est incontestable ; c'est que toute citadelle est inutile à la défense de la place, quand par son front extérieur elle n'est pas plus forte que la Ville; puisqu'alors l'ennemi attaque la citadelle, & prend la Ville en même-temps. Par la même raison, toute citadelle est nuisible, quand par son front extérieur elle est plus foible que la Ville; & malheureusement les exemples n'en sont pas rares.

---

n'ayant que 90 à 100 toises de front ; ils n'ont que de petits flancs, capables de contenir seulement deux ou trois pieces de canon. Les batteries des assiégeans prennent, de tous les sens, ces petits demi-bastions, & les bouleversent de fond en comble. Les troupes ne peuvent y tenir nulle part. Le feu de ces sortes d'ouvrages étant presque nul, on est d'abord sur la crête du glacis, où l'on établit des batteries en brêche, tant pour ouvrir les faces des demi-bastions, que pour ouvrir le corps de la place, qui est toujours découvert de chaque côté par le fossé des branches de l'ouvrage; ensorte que dès que cet ouvrage est pris, la place est dans le cas de capituler ou de risquer d'être emportée d'assaut. C'est par une semblable attaque que nous avons pris Tournay en 1744.

Après avoir examiné la valeur des moyens dont s'eſt ſervi M. le Maréchal de Vauban dans la fortification, & l'emploi qu'il en a fait dans la conſtruction des places fortes, il ſeroit naturel d'examiner auſſi l'emplacement de ces forteresſes : mais la diſcuſſion de cet objet n'étant pas ſuſceptible, comme les précédentes, de démonſtration rigoureuſe, ce ſeroit commencer une diſpute interminable. De plus, il faudroit, avant tout, ſavoir ſi M. de Vauban a décidé ou non ces emplacemens.

J'ai vu ſes nombreux partiſans varier d'opinion, à cet égard, ſuivant le beſoin de la cauſe. Mais, à quelque parti qu'ils préferent de s'arrêter aujourd'hui, s'ils ſe décident pour la négative, il n'eſt plus juſte de louer M. de Vauban ſur l'heureux choix de quelques poſitions ; & s'ils prennent l'affirmative, je les prierai de nous apprendre, comment Landau ayant été fortifié pour couvrir la baſſe Alſace, le Prince Charles y a cependant pénétré, & eſt venu juſqu'à Saverne, comme ſi Landau n'eût pas exiſté (*o*).

(*o*) Dans la guerre de 1744.

Je conçois qu'il ſera facile de dire que le Prince Charles a fait une imprudence; mais je conçois moins qu'il ſoit facile de le prouver: & ſi la preuve en étoit acquiſe, je deſirerois encore, pour la gloire de M. de Vauban, qu'il nous eût mis, là & par-tout ailleurs, à l'abri d'imprudences ſemblables.

Vous venez de voir, Meſſieurs, qu'ainſi que je l'ai avancé ci-deſſus, M. de Vauban n'a pas fait faire un pas à l'art de la fortification, puiſqu'il n'a ni inventé de meilleurs moyens, ni mieux ſu en diriger l'emploi que ſes prédéceſſeurs. Mais les places que ceux-ci faiſoient conſtruire, toute défectueuſes qu'elles étoient, avoient au moins une force relative, qu'elles tiroient de la foibleſſe de l'attaque: & l'on conçoit qu'on ne cherche pas à mieux faire, tant qu'on croit faire ſuffiſamment bien. Mais M. de Vauban ne pouvoit pas ignorer l'inſuffiſance des moyens qu'il employoit. Tout le monde ſait qu'il avoit fortifié la Ville d'Ath avec le plus grand ſoin; qu'il ſe trouva depuis dans le cas de faire le ſiege de cette place; & qu'elle ne pût tenir que treize jours de tranchée ouverte. Ce ſuccès, qu'il remporta contre lui-même en 1697, il dût le prévoir dès l'année 1673, époque de l'invention de ses parallèles à Maſtricht : car le ricochet dont il fit uſage pour la premiere fois, à ce ſiege d'Ath, a rendu ſon attaque plus prompte & plus facile, ſans la rendre plus ſûre. Cependant M. de Vauban n'a ceſſé de conſtruire des fortifications, & toujours ſur les mêmes principes, juſqu'à ſa mort arrivée en 1707. Cette longue époque de trente-quatre années, qui comprend plus de la moitié de ſa vie Militaire, ne paroîtra-t-elle donc pas à tout homme impartial, avoir plus beſoin d'apologie que de louanges ? encore cette apologie ne pourra-t-elle être raiſonnablement fondée, qu'autant qu'on établira que M. de Vauban a employé tout cet eſpace de temps, ſoit à eſſayer de perfectionner les anciennes méthodes, ſoit à en chercher de nouvelles ; mais alors ces tentatives ſi multipliées & ſi infructueuſes, dépoſeront contre ce génie créateur qu'on ſe plaît à lui ſuppoſer ; & ici ſa juſtification détruit né-néceſſairement ſon éloge.

Faut-il apprécier maintenant ce que coûtent à la France les erreurs de M. de Vauban ? On trouve dans ses panégyristes, qu'il a fortifié trois cens places ; & ce nombre, qui d'abord paroît exagéré, cesse d'étonner quand on se rappelle que c'est lui qui a construit ou réparé presque toutes les forteresses qui bordent nos frontieres, & qui aujourd'hui appartiennent à d'autres puissances (*p*). Si on suppose chaque place un exagone seulement, & qu'on évalue chaque front de fortification à huit cent mille livres, on trouvera une somme de plus de quatorze cent millions, dont l'immense fardeau pese encore en ce moment, sur cette même nation au nom de qui l'on prépare l'hommage public contre lequel je réclame (*q*).

(*p*) Fribourg, le Vieux-Brisach, le Fort-de-Kell, Philisbourg, Mayence, Luxembourg, Mons, Bruxelles, Tournay, &c. &c. &c.

(*q*) Je ne crois pas que l'on trouve ce calcul forcé, quand on observera, 1°. que M. de Vauban a très-peu construit de places de quatre bastions seulement ; presque toutes ses citadelles en ont au moins cinq, & quelques-unes six. Quant aux places, elles en ont quelque-fois jusqu'à seize & dix-huit : 2°. que je comprends, dans le prix de la construction, les bâtimens civils, tels que casernes, magasins, &c. : 3°. Et enfin, que je ne fais point mention de l'énorme quantité d'ouvrages extérieurs, dont j'ai parlé ci-dessus, tels qu'ouvrages à couronne, ouvrages à corne, &c. &c.

Si les travaux qui ont occaſionné cette effrayante dépenſe étoient inutiles, c'en ſeroit bien aſſez, ſans doute, pour exciter plutôt nos regrets que notre reconnoiſſance. Et que ſeroit-ce donc s'ils étoient nuiſibles....? L'examen de cette queſtion ſeroit l'objet d'une diſcuſſion trop longue, ſi j'entreprenois de la traiter à fond. Je ne dirai donc ici que ce qui ſera néceſſaire, pour ôter à mon opinion cet air de paradoxe qui nuit ſi ſouvent à la vérité.

Le but de la fortification eſt évidemment de ſuppléer au nombre d'hommes. Avec aſſez de Troupes, on ſe paſſera de fortereſſes ; & avec d'aſſez bonnes fortereſſes, on n'aura beſoin que de peu de Troupes. En ſuivant ce principe, on pourra mettre en égalité de force, une très-bonne place défendue par un petit nombre de Troupes, & une très-mauvaiſe défendue par un grand nombre. Il ſuit delà, que la même place qui livrée à ſes propres forces, c'eſt-à-dire, avec le nombre de Troupes proportionné à celui de ſes baſtions ; il ſuit, dis-je, que cette même place qui ne ſera ſuſceptible que de la plus foible défenſe, pourra devenir inexpugnable, entre les mains de l'ennemi qui s'en sera emparé : sur-tout s'il se décide, soit à y faire des retranchemens intérieurs, presque toujours impossibles à exécuter tant qu'il n'y a, dans cette place, que la garnison qu'elle comporte ; soit à faire de la place même le noyau, ou réduit d'un camp retranché, ce qui est toujours facile alors, par la multitude de moyens qu'offre la totalité d'une armée. On voit évidemment que, dans ce cas, une telle forteresse ne seroit pas seulement inutile, mais nuisible ; puisque, sans opposer à l'ennemi une résistance capable de l'arrêter, elle lui fourniroit cependant les moyens de former, avec facilité, un établissement assez redoutable, pour ne pouvoir plus en être repoussé que par des forces infiniment supérieures aux siennes (*r*).

(*r*) C'est ainsi, par exemple, que la Ville de Prague, dont les deux parties, à la droite & à la gauche de la Moldau, sont entourées d'une enceinte bastionnée, révetue en maçonnerie, fut cependant emportée l'épée à la main, en 1741, par l'Electeur de Baviere & le Comte de Saxe ; & que l'année suivante, elle opposa une résistance invincible à toutes les forces de la Reine de Hongrie, sous les ordres du Grand-Duc.

Ce que nous venons de ſuppoſer pour une place très-foible, peut également s'appliquer à toute place qui doit être priſe quand elle n'eſt pas ſecourue à temps : ainſi on peut déjà entrevoir ce principe ; que toute place eſt plus nuiſible qu'utile, quand, ſuffiſammment bien défendue, elle eſt cependant incapable de réſiſter l'eſpace d'une campagne. Or, laquelle des places de M. de Vauban tiendroit plus de ſix ſemaines à deux mois de tranchée ouverte? & encore faudroit-il douze ou quinze mille hommes de garniſon dans ces places !

Ceci me rappelle que j'ai ſouvent entendu les partiſans du ſyſtême baſtionné, vouloir tirer des inductions favorables à ce ſyſtême, de la longue défenſe de Caſſel, par M. le Comte de Broglie. Cette illuſion ne ſera pas difficicile à détruire ; &, de la vérité rétablie, ſortira au contraire une preuve de fait à l'appui de mon opinion.

Caſſel eſt diviſée en ancienne & nouvelle Ville. L'ancienne ſeulement eſt entourée par un très-mauvais rempart baſtionné ; la nouvelle n'eſt fermée que d'un ſimple mur. Cette place avoit été alternativement priſe & repriſe, cinq ou ſix fois ; & nous l'occupions en 1761, lorſqu'un corps Hanovrien, peu conſidérable, vint en former, non le ſiege, mais le blocus. M. le Comte de Broglie, qui y commandoit alors, avoit à ſes ordres une nombreuſe & brave garniſon, équivalente à une petite armée. On avoit, avec des redoutes, pratiqué un camp retranché en avant de la nouvelle Ville. Ces redoutes n'étoient pas fortes en elles-mêmes, mais elles étoient ſoutenues par des bataillons entiers, & qu'on renouvelloit ſouvent. Elles furent attaquées pluſieurs fois, & toujours ſans ſuccès : enfin l'ennemi ſe dégoûta de ces combats inégaux, & ſe retira au bout de trois ſemaines de ſon blocus. Voilà le fait hiſtorique; & l'on voit qu'il prouve ſeulement ce que j'ai avancé plus haut, que la plus mauvaiſe place peut devenir inexpugnable, entre les mains de l'ennemi qui s'en ſera emparé : mais c'eſt, comme je l'ai dit, à l'aide d'une armée. En effet, l'enceinte baſtionnée n'eſt entrée pour rien dans cette défenſe. J'aimerois autant qu'on voulut nous renvoyer aux anciennes murailles à tours, à cauſe de la belle défenſe de Schweidnitz, qui n'eſt fermé que par une de ces murailles, couverte par quelques petits forts à étoiles, susceptibles d'être emportés l'épée à la main. Certes il seroit facile de fortifier suffisamment les places, si l'on pouvoit toujours s'assurer d'avoir, ou une armée pour en empêcher les approches, ou un homme de génie pour en diriger la défense.

Mais la véritable fortification doit suppléer également au nombre, & même à la qualité des Troupes; ainsi qu'au génie des Commandans. Les méthodes suivies par M. de Vauban, sont bien éloignées de remplir ce triple objet; & c'est nuire au progrès d'un art si recommandable, que de couronner celui qui n'a fait qu'en propager les erreurs.

Puisque la vérité naît du choc des opinions, il ne sera pas inutile d'opposer à l'opinion que je soutiens, celle des panégiristes de M. le Maréchal de Vauban; c'est dans cet esprit que je vais examiner ce qui se trouve de relatif au sujet que je traite, tant dans l'éloge prononcé, par M de Fontenelle, à l'Académie des Sciences; que dans celui de M. Carnot, couronné par l'Académie de Dijon.

M. de Fontenelle, quoiqu'entiérement

étranger à l'art de la guerre, a pourtant ſu reconnoître, avec beaucoup de juſteſſe, le but qu'on devoit ſe propoſer d'atteindre dans la défenſe des places ; & cette ſeule connoiſſance lui a ſuffi pour faire, en cette partie, l'éloge de M. le Maréchal de Vauban. La fonction du ſecretaire de l'Académie étoit de louer & non de juger ; auſſi au lieu d'établir, & de prouver que ce qu'avoit fait M. de Vauban étoit toujours ce qu'il falloit faire, il a ſuppoſé que ce qu'il falloit faire, M. de Vauban l'avoit toujours fait. Méthode facile, & ſuffiſante pour ces éloges de devoir ou de bienſéance, où l'Orateur a le droit de n'être pas contredit ; & que nous avons vu employer de nos jours, pour quelques autres éloges qui n'en ont pas moins gardé le titre d'éloges hiſtoriques.

M. de Fontenelle ſavoit donc que pour mériter des éloges dans un art, il falloit y être inventeur ; auſſi dit-il de M. de Vauban : « il » avoit déjà quantité d'idées nouvelles ſur l'art » de fortifier, peu connu juſques-là...... Enfin, » il oſa ſe déclarer inventeur dans une matiere » ſi périlleuſe, & le fut toujours juſqu'à la

» fin ». A la vérité M. de Vauban, ainſi que nous l'avons vu plus haut, n'a rien inventé en ce genre; mais il falloit louer M. de Vauban; & tout ce qu'à pu faire M. de Fontenelle, a été d'éviter adroitement de diſcuter cet objet. « Nous n'entrerons point, dit-il, » dans le détail de ce qu'il inventa; il ſe» roit trop long; & toutes les places fortes » du Royaume doivent nous l'épargner ». En effet, toutes les places fortes du Royaume épargnent tout détail à ce ſujet, puiſqu'elles n'offrent aucune invention nouvelle.

Ce n'eſt pas par une ſemblable réticence, que M. de Fontenelle termine les juſtes éloges qu'il donne à M. le Maréchal de Vauban, comme inventeur dans l'art de l'attaque des places. Alors il ne craint plus d'être trop long. Il cite également: « & les fameuſes parallèles, » & les places d'armes, & les cavaliers de » tranchée, & le nouvel uſage des ſapes & » des demi-ſapes, & les batteries à ricochet ». Ce ne ſont plus là des reſſources oratoires, c'eſt le langage facile de la vérité.

M. de Fontenelle avoit pareillemement ſenti, que des terreins diſſemblables ne devoient pas être fortifiés de la même maniere ; aussi dit-il de M. de Vauban : « il a fait voir par sa pratique qu'il n'avoit point de maniere, chaque place différente lui en fournissoit une nouvelle, selon les différentes circonstances de sa grandeur, de sa situation, de son terrein ». Qu'on parcourre cependant toutes les places du Royaume, on verra que chacune ne differe des autres, que par le nombre des bastions, suivant l'étendue de l'enceinte, & par le plus ou moins d'ouverture de l'angle flanqué, suivant le nombre des bastions, à moins qu'on ne veuille compter comme différences, des vices d'irrégularité plus ou moins grands, suivant l'irrégularité des terreins, & la difficulté d'y asseoir des enceintes bastionnées, qui le plus souvent n'y convenoient point du tout : ou qu'on ne veuille compter encore une plus ou moins grande quantité d'ouvrages à corne ou à couronne, dont la valeur a déjà été appréciée ; & qui ne sont eux-mêmes que des fronts bastionnés. Mais il falloit louer M. de Vauban ; & M. de Fontenelle pouvoit-il penser qu'un homme si célebre, par ses fortifications, n'eût pas fait ce que le ſimple jugement indiquoit à celui qui ne s'étoit jamais occupé de cet art ?

Enfin, Meſſieurs, ne perdez pas de vue que M. de Vauban a triomphé de ſes propres fortifications (*s*), auſſi facilement que de toutes les autres ; & M. de Fontenelle va décider lui-même la queſtion qui nous occupe. » Il (M. de Vauban) avoit porté ſon art » (l'art de l'attaque) à une telle perfection, que » le plus ſouvent, ce qu'on n'auroit jamais » oſé eſpérer, *devant les places les mieux dé- » fendues*, il ne perdoit pas plus de monde » que les aſſiégés ». Qu'on nous apprenne donc à préſent quel eſt le mérite de ces fortifications, qui ne donnent pas plus d'avantage aux aſſiégés qu'aux aſſiégeans ?

Le Secretaire de l'Académie des Sciences obligé de louer, & parlant d'un art qu'il n'avoit ni pratiqué ni étudié, ne pouvoit en quelque ſorte, répondre ni de ſon ſentiment, ni des raiſons qu'il donnoit à l'appui. Il n'en eſt

(*s*) Au ſiege d'Ath particuliérement ; & encore à pluſieurs autres, de places fortifiées ſuivant ſes méthodes.

est pas de même de l'Orateur couronné par l'Académie de Dijon. Si, comme quelques-uns le croient ou le disent, M. de Vauban a eu le génie de la fortification, il ne doit paroître nulle part avec plus d'éclat, ni être plus facile à saisir, que dans l'ouvrage de M. *Carnot*. Ces espérances sont d'autant mieux fondées, que l'auteur, Capitaine au Corps-Royal du Génie, est pour ainsi dire l'éleve de son héros, & l'héritier de ses connoissances. On ne peut supposer qu'il manque ni de zele, ni d'instruction, ni de talent; mais le talent, l'instruction & le zele ne suffisent pas pour élever un édifice qui n'a point de base. Tout éloge qui ne sera point fondé sur la vérité, n'offrira quoiqu'on fasse, que des phrases insignifiantes, des assertions hasardées, & de faux raisonnemens : c'est ce qu'on trouve, en effet, dans toute la partie de l'éloge de M. de Vauban, qui traite de la fortification.

Après avoir dit que M. de Vauban « posa » les barrieres de l'Empire François, » M. Carnot ajoute : « qui jamais eut moins besoin » d'éloges que celui pour qui ces barrieres » mêmes sont autant de trophées immortels! »

C'eſt poſitivement mettre en fait ce qui eſt en queſtion. Si ces barrieres ſont impénétrables, elles font l'éloge de M. de Vauban; ſi, au contraire, elles ſont très-foibles, elles font ſa critique. Or, M. Carnot nous dit lui-même (note 18 de l'éloge) « M. de Vauban vit avec » douleur, ſur la fin de ſa vie, que la France » perdoit ſes meilleures places; » & *les meilleures places de la France* étoient les places fortifiées par M. de Vauban. Il eſt vrai qu'il ajoute: « par l'impéritie des Gouverneurs ». Mais comment le prouve-t-il? Ecoutons-le; il pourſuit: « il en manifeſta ſon chagrin dans » pluſieurs lettres circulaires, écrites au nom » du Roi, &c. ». Aſſurément le chagrin de M. de Vauban ne prouve rien ici. Je n'ai point connoiſſance de ces lettres circulaires, écrites *au nom du Roi;* mais on connoît celle écrite à ce ſujet, par Louis XIV lui-même, en date du 6 Avril 1705, c'eſt-à-dire, deux ans avant la mort de M. de Vauban. Ce monarque y rappelle les Ordonnances de Louis XIII, & il les rappelle, dit-il, *quoique très-ſatisfait* DE LA VIGOUREUSE DÉFENSE *qui a été faite dans celles des places fortes qui ont été aſſiégées pendant la présente guerre.* Il me semble que ces expressions peuvent faire douter de *l'impéritie des Gouverneurs*; & qu'il faudroit trouver une autre raison de la facilité avec laquelle *la France perdoit ses meilleurs places*, les places fortifiées par M. de Vauban. Il suit encore delà, 1°. que M. de Vauban ne *posa* point *les barrieres de l'empire François*, qui changerent si souvent à cette époque malheureuse. 2°. Que *les meilleures places* de la France, quoique *vigoureusement défendues*, ne résistoient pas même à une attaque médiocrement faite; car il est à observer que les méthodes par lesquelles M. de Vauban a porté l'art de l'attaque à une si grande perfection, n'étoient pas encore connues de l'étranger.

M. Carnot rappelle l'ancienne fortification, » où on s'enfermoit dans de hautes murailles » qu'on armoit de grosses tours ». Puis il ajoute : « l'usage des armes à feu produisit une » grande révolution dans l'art herco-tectonique; les bastions furent imaginés : mais cette » invention parut avoir épuisé tout d'un coup » les ressources de l'imagination ». Un Officier du Génie, occupé des détails de son art, a bien pu, ſans doute, négliger d'en étudier l'origine & les progrès. Il ne ſeroit donc pas juſte de lui faire un reproche de quelques erreurs, que cependant il faut relever, par reſpect pour la vérité. 1°. Il eſt difficile de rapporter l'origine des baſtions à l'uſage des armes à feu, attendu qu'entre l'une & l'autre époque, on trouve environ deux cens ans d'intervalle. 2°. Il n'eſt pas exact d'appeller le ſyſtême baſtionné *une invention*; ce n'eſt évidemment qu'une modification de *ces hautes murailles, armées de groſſes tours*, que M. Carnot vient de citer. On a diminué la hauteur de ces murs, afin d'éviter qu'ils puſſent être battus en brêche d'auſſi loin; on les a terraſſés, pour pouvoir les border d'artillerie: enfin, on a donné plus d'eſpace ou de ſaillie aux tours, & de ces changemens ſucceſſifs, eſt né le premier ſyſtême baſtionné; retourné depuis de tant de manieres, & toujours avec auſſi peu de ſuccès.

Il y a lieu de croire qu'on auroit mieux fait, ſi on eut pris le parti d'abandonner entiérement l'ancien plan de défenſe, qui ne pouvoit plus convenir à la nouvelle attaque, même avant M. de Vauban. Au ſurplus, M. Carnot obſerve très-bien que cette prétendue invention *a épuiſé tout d'un coup les reſſources de l'imagination ;* car depuis on n'a plus, en effet, conſtruit que des baſtions : mais que devient dans tout cela l'imagination de M. de Vauban ?

M. Carnot continue « le pédantiſme, ſi bien » fait pour l'éteindre (l'imagination), s'em- » para de la découverte (des baſtions) ; il » prétendit la façonner, la perfectionner, la » réduire en formule ; lui donner des regles » fixes, & des principes invariables : de pré- » tendus axiomes furent établis, & l'on n'oſa » plus ſortir du cercle étroit où l'on étoit » circonſcrit par ces maximes erronées & in- » ſuffiſantes ; alors la fortification devint ce » qu'elle eſt encore aujourd'hui aux yeux d'un » certain vulgaire à prétention ; ce fut l'art » de faire des ſyſtêmes, l'art de tracer ſur le » papier des lignes aſſujetties dans leurs diſ- » poſitions réciproques, à ces conditions preſ- » que arbitraires qu'on avoit revêtues du titre » impoſant d'axiomes ». En écrivant toute cette période, viſiblement deſtinée à faire regarder avec mépris tout ce qui a été fait en fortification avant M. de Vauban, l'auteur auroit dû sentir qu'il s'imposoit l'obligation de faire connoître les grands changemens qu'y avoit apportés son héros : mais comme, au contraire, M. de Vauban n'a fait que *s'emparer de la découverte*, qu'il n'a cherché qu'*à la façonner ou la perfectionner*, comme il a fait *des systêmes*, & que dans aucun il n'est *sorti du cercle étroit ou l'on étoit circonscrit par ces maximes erronées & insuffisantes*, tous ces reproches faits aux fortifications antérieures à M. de Vauban, s'appliquent également à toutes celles qu'il a construites, & en font la critique la plus forte & la plus vraie. Et quand M. Carnot ajoute un peu plus bas : « fortifier, » c'étoit élever des remparts; aujourd'hui sou- » vent c'est les détruire : c'étoit multiplier les » forteresses, aujourd'hui c'est les réduire au » plus petit nombre possible ». Oublie-t-il combien M. de Vauban a fait élever de remparts, combien multiplié les forteresses ; oublie-t-il enfin qu'il va citer, tout à l'heure, *trois cens places mises en défense par les soins de M. de Vauban?*

Rien de tout cela n'arrête M. Carnot, « une » lumiere ſi foible...... attendoit qu'un génie » créateur s'élevât...... Vauban paroît, & » bientôt la France connoît qu'elle poſſede le » grand Homme dont elle a beſoin. » C'étoit bien ici le lieu de faire connoître les productions de ce *génie créateur* ; mais le ſujet a manqué à l'auteur : & ſi, au défaut de l'éloge, on veut recourir aux monumens qui devroient en être & le fondement & la preuve, on trouve que toutes les places ont continué à être conſtruites, avec des enceintes baſtionnées de même eſpece, couvertes de demi-lunes, de tenailles, de contre-gardes, d'ouvrages à corne, d'ouvrages à couronne, le tout ſemblable à tout ce qui avoit été exécuté juſqu'alors; ce qui n'empêche pas l'auteur de dire de ſuite, que M. de Vauban « oſe attaquer les vieilles erreurs, » s'ouvrir une carriere inconnue, &c. &c. &c. ». A la vérité, il y a ici une note (*t*), où M. Carnot ſemble abandonner la fortification de M. de Vauban. Ne pouvant élever ſon héros juſqu'à l'art, il s'efforce de rabaiſſer l'art au-

---

(*t*) Note 10 de l'éloge.

dessous de son héros. « C'est, dit-il, assuré-
» ment bien ravaler ce grand Homme, que
» de ne voir dans ses travaux que des oril-
» lons, des flancs arrondis, des tours bas-
» tionnées ; il faut laisser les plagiaires igno-
» rans s'extasier sur ces choses aussi indiffé-
» rentes à la gloire de Vauban qu'aux progrès
» de son art ». Voilà des aveux précieux. Il faut être *ignorant* pour s'extasier *sur ces choses : ces choses* sont *indifférentes aux progrès de l'art.* Malheureusement rien n'est plus vrai ; mais malheureusement aussi, M. de Vauban n'a fait construire que de *ces choses*, & *ces choses* ont coûté à la France plus de quatorze cent millions. Il me semble que cela dépare beaucoup un éloge.

Cependant si on en croit M. Carnot (*v*),
» M. de Vauban effaça tous ses prédécesseurs.
» C'est lui qui le premier vit les choses en
» grand ». Ainsi, cet « Errard, de Bar-le-Duc,
» à la mort de qui Henri IV s'écria : *Ah !
» j'ai perdu un des plus grands Hommes de
» mon Royaume* (*x*) » : ne voyoit pas les

(*v*) Même note 10. (*x*) *Idem.*

choses en grand. Ainsi « le Chevalier de Ville, » Ingénieur sous Louis XIII & Louis XIV, » qui a imaginé la machine de Marly, & nous » a laissé, sur la fortification, un livre encore » utile aujourd'hui (y) », ne voyoit pas les choses en grand. Ainsi, « le Comte de Pagan, » recommandable par son grand savoir & sa » longue expérience (z) »; ne voyoit pas les choses en grand. Et M. de Vauban qui n'a fait que les mêmes choses qu'eux, & qui ne les a faites qu'après eux, est le génie créateur qui les a tous effacés ! N'est-ce pas aussi trop abuser du privilege des éloges ? Mais ajoute M. Carnot : « il chercha le premier les rap- » ports des Places de guerre entr'elles, & de » la fortification aux autres branches de l'art » militaire, même à l'administration politi- » que ». Il est difficile d'apprécier ces asser- tions, dont on n'apporte aucune preuve; mais en les supposant vraies, il ne s'ensuivroit qu'une vaine théorie, tant qu'elle ne seroit pas appliquée à de meilleures forteresses.

Encore une citation, & je finis.

(y) Même note 10. (z) *Idem.*

» Vauban n'écrivit rien ſur les maximes de la » fortification ». Qu'auroit-il écrit qui ne fût déjà connu ? « Trois cens places miſes en » défenſe par ſes ſoins, ſont le livre immortel » où elles ſont conſignées » ; mais ces places ſont compoſées de *flancs arrondis* (*aa*), *d'orillons*, *de tours baſtionnées ; ces choſes* ne ſont donc plus *indifférentes à la gloire de Vauban ?* Ce ſont au moins les feuillets du *livre immortel ;* & c'eſt dans ce livre qu'il faudroit en effet pouvoir lire le mérite de M. de Vauban, pour ceſſer enfin de mettre en fait ce qui eſt en queſtion. « C'eſt que cet art n'eſt point de » ceux qu'on puiſſe ſoumettre à des regles » conſtantes. » Cet art a, comme tout autre, ſes regles conſtantes ; c'eſt ſeulement l'application qui doit varier ſuivant le local. Il n'auroit pas fallu, par exemple, élever des remparts baſtionnés, dans des terreins qui ne permettoient pas de leur donner de bonnes proportions. Je demande à M. Carnot lui-même, ſi on ne doit pas à cet abus, nombre de mauvaiſes places ? « C'eſt que le bon ſens ſuffit

---

(*aa*) *Flancs concaves* ſeroit le mot propre ; mais je cite.

» pour en connoître bientôt les principes, & » qu'il faut du génie pour les appliquer avec » sagesse ». Mais quand on n'a qu'un même moyen à employer par-tout, même dans les lieux où il ne peut convenir, le génie ne fera pas qu'il y convienne : ce qu'il doit faire alors, c'est de recourir aux *regles constantes* de l'art, pour en faire d'autres applications. « C'est » qu'enfin l'imagination ne veut point d'en- » traves, & qu'il faut lui laisser prendre l'essort » avec toute sa liberté, lorsqu'elle doit, » comme dans l'art des forteresses, modeler » sur la nature, dont les sites variés & tou- » jours nouveaux ne laissent aucune prise à » l'analogie, & déconcerteront éternellement » l'homme borné qui voudra captiver le gé- » nie, & l'assujettir à des Loix ». Je suis tout-à-fait de l'avis de M. Carnot dans toute cette conclusion. Aussi ce que je reproche principalement au *génie* de M. de Vauban, c'est de s'être laissé *captiver ;* de s'être laissé *assujettir à des Loix ;* & de n'avoir jamais su faire que des bastions, quoique bien convaincu, par son expérience & par celle des autres, que les baſtions ne peuvent fournir qu'une défenſe très-inſuffiſante.

Dans l'examen que je viens de faire des deux éloges de M. de Vauban, mon but n'a point été d'en critiquer les auteurs ; mais ſeulement de prouver, par des exemples recommandables, qu'il n'étoit pas poſſible d'en louer raiſonnablement le héros, ſur ſon génie pour la fortification. Cependant ces fortifications ſi multipliées & ſi coûteuſes, objet perpétuel de ſes travaux, tiennent une trop grande place dans l'hiſtoire de ſa vie, pour être indifférentes à ſa gloire. Si elles n'y ſervent pas elles y nuiſent ; cette conſéquence eſt inévitable. M. de Vauban peut, ſans doute, avoir conſtruit de mauvaiſes fortifications, & avoir fait, d'ailleurs, des choſes louables ; mais ſi les fortifications de M. de Vauban ſont mauvaiſes, il n'eſt plus un grand Homme : il n'eſt plus l'homme qu'il faut offrir à l'admiration publique ; trop de monumens atteſtent ſes erreurs : car, même en le replaçant ſur le théatre de ſa véritable gloire, quelle fortereſſe a-t-il conquis, qui ne rappelle l'idée d'une fortereſſe ſemblable qu'il a élevée ? Quel triomphe a-t-il remporté, qui ne ſerve en même-temps de preuve à quelqu'une de ſes fautes ?

J'en ai dit aſſez, Meſſieurs, pour vous mettre à même d'apprécier mon opinion, & je pourrois terminer ici. Mais le même amour de la vérité qui m'enhardit à publier cette critique d'un homme célebre, ne me permet point de ne pas rappeller en même-temps, tout ce qu'il eut de louable. M. de Vauban a porté juſqu'à la perfection l'art de l'Attaque des places ; & ſi cet art généralement funeſte, eſt, particuliérement encore, plus nuiſible qu'utile à la France, dont l'intérêt eſt bien plus de conſerver que d'acquérir, cela peut diminuer le prix mais non le mérite de l'invention. Il faut y joindre le mérite de près de ſoixante années d'un ſervice très-aſſidu, & ſouvent très-dangereux : le mérite de l'ordre & de l'économie, qu'il a ſu établir dans tous les travaux dont il a eu la direction ; avantage d'autant plus grand, qu'il a toujours ſubſiſté depuis : le mérite de ſon zele patriotique, & de ſon attachement à ſon Roi. Il faut joindre même, à ce qu'il a fait de bien, le mérite du bien qu'il auroit voulu faire; & sous ce point de vue, on pourra compter pour quelque chose ses nombreux manuscrits. Tels sont les titres de M. de Vauban à l'estime publique; je ne les ignore ni ne les dissimule. Mais trop de sujets de reproche se mêlent à ces sujets de louange : car enfin, comment se rappeller cette perfection où il a porté l'art de l'Attaque, sans se rappeller en même-temps l'état de foiblesse dans lequel il a laissé l'art de la Défense ? Comment se rappeller ses longs & assidus services, sans se rappeller aussi qu'ils ont principalement consisté dans la construction de trois cens places, à la défense desquelles il n'a employé que des moyens insuffisans, & déjà reconnus tels ? Comment se rappeller même l'ordre & l'économie qu'il a su établir dans les travaux dont il a été chargé, sans se rappeller encore que ces travaux, qui ont coûté à la France plus de quatorze cent millions, n'ont aucunement rempli leur objet ? Et quant à son zele patriotique, à son attachement pour son Roi, à cet amour du bien qu'on trouve en effet, & dans sa conduite, & dans ses ouvrages, ce seroit faire injure à la nation Françoise, que de supposer ces qualités assez rares parmi elle, pour mériter à celui qui n'auroit point d'autres titres, l'honneur que l'Académie annonce être dû à M. le Maréchal de Vauban.

Personne ne peut connoître mieux que vous, Messieurs, & personne n'a plus d'intérêt de faire connoître aux autres, la différence qui existe entre cette estime partielle qu'on doit à chacun pour ce qu'il a fait de bien, & ces sentimens d'admiration, de reconnoissance & de respect qu'inspire l'ensemble de la vie d'un grand Homme. De cette différence, a dû naître ou la louange particuliere, ou l'éloge public & national. Pour mériter l'une, il suffit d'être au nombre de ceux qui ont bien fait : mais pour prétendre à l'autre, il faut encore s'être distingué parmi ceux qui ont fait le mieux. C'est l'inaliénable propriété des grands talens & des grandes vertus. C'est aussi la plus belle récompense que puisse offrir la nation, à ceux qui ont le mieux mérité d'elle : & si elle a consenti que vous fussiez dépositaires de ce bien précieux, ce n'est pas pour le prodiguer : c'est, au contraire, qu'elle a dû croire qu'il ne seroit jamais plus soigneusement conservé, que par ceux qui ont eux-mêmes tant de droits d'y prétendre.

BIBLIOTHÈQUE ROYALE

Je suis avec respect,

MESSIEURS,

Votre très-humble & très-obéissant Serviteur,

CHODERLOS DE LACLOS,

Capitaine d'Artillerie; de l'Académie de la Rochelle.

La Rochelle, 21 Mars 1786.

BIBLIOTHEQUE NATIONALE DE FRANCE
3 7502 00973344 7

www.ingramcontent.com/pod-product-compliance
Lightning Source LLC
Chambersburg PA
CBHW072015290326
41934CB00009BA/2090

* 9 7 8 2 0 1 2 1 9 2 3 5 5 *